आवरण

Books by Mukesh Chhajer:

- Random Reflections (2006)
- On Life and Liberation: Essays on Jain Practices and Philosophy (2007)
- Silent Voices (2008, 2012)
- समय के रंग (Samay Ke Rang) (2010, 2012)
- Tirthankar Mahaveer: A Biography in Verse (2010, 2012, 2019)
- Momentary Madness (2012)
- Love's Lies and Other Deceptions (2013)
- आहत आत्माऐं (Aahat Atmaen) (2015)
- मार्ग और मंज़िल (Marg aur Manjil) (2016)
- Quiet Chaos (2017)
- Afternoon Fog (2018)
- Defiance (2018)
- Unlocked (2019)
- Transition (2020)
- A Journey (2021)
- Gaze (2022)
- A Visitor (2023)
- श्रीकृष्ण लीला प्रसंग (Shri Krishna Lila Prasang) (2023)
- Conflict (2024)
- श्री ब्रज लीला (Shri Braj Lila) (2024)
- In Wilderness (2025)
- आवरण (Aavaran) (2025)

आवरण

(एक काव्य संग्रह)

लेखक

मुकेश छाजेड़

Title: आवरण (Aavaran)
Author: मुकेश छाजेड़ (Mukesh Chhajer)

Language: हिन्दी (Hindi)

Published: July 24, 2025

Publisher: Mangal Publications

Cover Photograph and other photographs: Mukesh Chhajer

ISBN 13: 978-1-962178-06-8

राम जन्म में बालपने में, राजभवन का सुख देखा
कृष्ण जन्म में गोपों के संग, चुरा-चुरा माखन खाया
राम जन्म में चौदह वर्षों, वन में जाकर वास किया
कृष्ण जन्म में मथुरा जाकर, राज्यसभा को मान दिया
राम जन्म में हनुमान ने, सीता को सन्देश दिया
कृष्ण जन्म में स्वयं प्रभु ने, हरण रुक्मणी का भी किया
राम जन्म में सदा सरल और कृष्ण जन्म में थे बांके
देख समय की धारा को, प्रभु ने अपना रंग बदला

॰३❖४॰

दीवारों की चमक से नहीं, चमकता इंसान
फूलों की महक से नहीं, महकता इंसान
प्रसिद्धि के प्रभाव से नहीं, उठता इंसान
इंसानियत इसके लिए है, रास्ता एकमात्र

॰३❖४॰

शिव है शांत, ध्यानमग्न
          रामचन्द्र का धनुष अचूक
कृष्ण हैं करते धारण चक्र
          सम्मुख उनके, हूँ मैं तुच्छ

करूँ प्रार्थना यदि मैं उनसे
          कर दो मेरे दुख सब दूर
कहते वे कैसे यह संभव
          कर्म तुम्हारे हैं विपरीत

लोभ और लालच, स्वार्थ और झूठ
          छल और कपट भी है भरपूर
नहीं सहज कोई काम तुम्हारा
          कैसे फिर हो खेल सरल

          ও❖৩

प्रभु की भक्ति, प्रभु की सेवा
क्या मंदिर बस साधन इनका
प्रभु का ध्यान, प्रभु का नाम
क्या व्याख्या बस एक ही रास्ता
प्रभु की महिमा का गुणगान
गली-गली और हर मैदान
इतना शोर करे मानव पर
नहीं होते कभी प्रभु प्रसन्न

झूठी भक्ति, झूठा ज्ञान
झूठी सेवा और सम्मान
क्या प्रभु हैं इतने निकृष्ट
करें स्वीकार समर्पण भ्रष्ट

৩❖৪০

आहिस्ता-आहिस्ता जब खुलता है रास्ता
प्रकाश की वहाँ, होती है पूजा
यदि झाँकना है आँखों में, देखो मत आईना
प्रतिबिंब आईने का, है मात्र धोखा
सूरज और चंदा, जब होते हैं साथ-साथ
नहीं सूरज कहता है, मेरा है प्रकाश
यदि उठना है ऊपर तो, ना करो अहंकार
दायित्व है उसका, करे सबका आदर

৩❖৪০

यदि प्रश्न तुम पूछो प्रभु से, क्यों मेरे जीवन में दुख
यदि शिकायत प्रभु से करते, क्यों मैं भटक रहा हूँ दर-दर
देते ताना यदि तुम प्रभु को, क्यों भद्दा दुनिया का रंग
याद रखो बस इतना ही तुम, सत्ता प्रभु की है निष्पक्ष

लड़ते भाई से भाई यहाँ, गांव-गांव और शहर-शहर
जब उठता विद्रोह खून में, कैसे शांत फिर हो सागर
अग्नि में ईंधन का जैसे, क्षण में हो जाता भक्षण
मानवता भी हो जाती है, ईर्ष्या की ज्वाला में भस्म

ॐ ❖ ॐ

प्रभु की माया का यह खेल, धरा से उपजे पावन जल
गगन समाये वायु वह, जीवन हो जिससे संभव

पेड़, लतायें, पक्षीगण, हैं ये प्रकृति के श्रृंगार
नदियाँ, पर्वत और मैदान, हैं ये प्रकृति के ही दान
भोर, संध्या और मध्यान्ह, समय का है यह आह्वान
सुन मानव यह है अवसर, कर ले तू कुछ प्रभु का ध्यान

सूरज, चंदा और तारे, गाते हैं बस गुण प्रभु के
गगन विशाल में हैं फैले, नहीं हैं पर वे कभी अकेले

ॐ ❖ ॐ

भोजन, भूख और भ्रम है दुनिया
पानी, प्यास और विस्मृत सपना
क्रिया, कार्य है कारण सबका
माया का उद्देश्य है छलना

ग्रहण करो इसको बस उतना
उभरे जिससे सोम नया
रवि की तब उज्ज्वल किरणों से
हो प्रकाश का दान सदा

ॐ❖ॐ

भक्त का भाग्य, है उससे रुष्ट
भगवान की कृपा से, उठाता है कष्ट
ज्ञानी का भाग्य, हैं थोड़ा विचित्र
ज्ञान के बंधन में, जाता है जकड़
कर्मठ का भाग्य, है बड़ा कठिन
कर्म की गहराई का, नहीं है अंत
योगी का भाग्य, है थोड़ा भ्रमित
योग की परिभाषा, है बड़ी जटिल

जोड़ोगे स्वयं को यदि, किसी परिभाषा से
रह जाओगे वहीं तक, तुम तब सीमित
प्रभु के दरबार में, यदि होना है उपस्थित
बाँधना न स्वयं को, किसी परिधि में

ॐ❖ॐ

कैद करने के लिये, नहीं दीवारें हैं आवश्यक
रास्ता रोकने के लिये, नहीं पर्वत की जरूरत
भटकने के लिये, नहीं यात्रा है जरूरी
जीवन की कठिनाइयाँ हैं, मन की कमजोरी

ॐ❖ॐ

साथ राम हैं, साथ कृष्ण हैं
                मार्ग दिखाने शिव भी साथ
कर्म, ज्ञान और भक्ति-योग भी
                हरदम ही रहते तैनात

कदम-कदम पर हाथ थामते
                फैलाते सब ओर प्रकाश
अंधकार पर मेरे भीतर
                कर देता है सबको हताश

ॐ❖ॐ

अग्नि तो गई बुझ, रह गई चिनगारी
संभावना के सहारे पर क्या, होती है सफल कहानी
ईंधन कुछ मिले, हो वायु भी पर्याप्त
फिर से जागने के लिये, है संयम भी आवश्यक

ॐ❖ॐ

प्रभु के घर में घना अंधेरा
            हो चाहे सूरज कितना ही तीखा
खुली खिड़कियाँ, भरा उजाला
            मन के द्वार पर, लटका ताला

ढोल-मंजीरा, धूप-और-बाती
            उभरे भजनों की स्वर-लहरी
जोर-जोर से बजती ताली
            नहीं मन में हलचल पर उठती

ॐ❖ॐ

काया के भीतर है माया

        माया के कारण ही काया

काया-माया का गठबंधन

        बना रहा जीवन को जड़

मोह माया का है मजबूत

        दया-धर्म नहीं वहाँ मौजूद

क्षण-क्षण ही हम वहाँ हैं रचते

        प्रेम-सत्य का नाटक खूब

दान हमारा है भद्दा

        माँग रहा वह हक दूना

करुणा में भी स्वार्थ सदा

        लोभ वहाँ छुपकर बैठा

सतही है वहाँ सज्जनता

        नहीं सरल है कोई व्यवहार

हर संबंध हमारा है बस

        लेन – देन का एक व्यापार

        ७❖४

कौन से द्वार से, करें प्रभु प्रवेश
हर द्वार पर यदि हैं, तैनात चौकीदार
ईर्ष्या, स्वार्थ, राग-और-द्वेष
लोभ, लालच, भेदभाव और क्लेश

हर दरवाजे पर खड़े हैं वे, माँगने शुल्क
नहीं प्रभु के पास कुछ, चुकाने को मूल्य
मढ़तें हैं हम दोष पर, प्रभु के सिर
करतें हैं फिर शिकायत, प्रभु नहीं आते हमारे घर

मैं कृष्ण कहूँ, तुम राम कहो
                    मैं दुर्गा और तुम काली
मैं योग कहूँ, तुम ज्ञान कहो
                    मैं कर्म कहूँ, तुम भक्ति

तुम अयोध्या-केदार कहो
                    मैं बद्री और ब्रजधाम
तुम यमुना को शिरोधार्य करो
                    मैं गंगा को प्रणाम

तुम कहो सुदामा भक्त प्रमुख
                    मैं कहूँ नहीं हनुमान
तुम कहो सुदर्शन करे न्याय
                    मैं करूँ धनुष का मान

अपने-अपने प्रभु को हम
                    माने सबसे श्रेष्ठ
नहीं समझते हम हैं लेकिन
                    राम-कृष्ण हैं एक

ॐ❖ॐ

आधी शक्ति, आधा ज्ञान
　　　　　आधा हम पाते सम्मान
आधे मन से करते काम
　　　　　कैसे फिर जीवन सम्पूर्ण

हर क्षण हम करते दो काम
　　　　　चतुराई का उच्च स्थान
यदि सफलता रहती दूर
　　　　　दुनिया पाती उसका दोष

असंतोष, अशान्ति, भविष्य की चिंता
　　　　　मन में हरदम, रहती है दुविधा
पाते हैं स्वयं को, चारों ओर से घिरा
　　　　　जीवन की गहराई में, भय और व्याकुलता
ॐ ❖ ॐ

यदि चुराकर तुम फूलों से, करते हो प्रभु की पूजा
यदि दान की राशि भी, भ्रष्टाचारी का हिस्सा
यदि दया के भीतर भी, है भाव दुराग्रह का
कैसे प्रभु स्वीकार करेंगे, यह अपमान स्वयं अपना

नहीं फूल पर शुद्ध हो मन, प्रभु की है यह अभिलाषा
रत्नों की राशि से बढ़कर, एक पैसा उचित कमाया
नहीं प्रदर्शन हो दुनिया में, दया यदि कोई करता
नहीं प्रभु की सत्ता में है, इस से बढ़ कर पूजा

ॐ❖ॐ

आत्मा के बंधन, कड़वे या मीठे
       आत्मा है स्वतंत्र, शब्द ये झूठे
मस्तिष्क की सत्ता से पर, हैं परदे उभरे
       जल के पहाड़ और वायु की जंजीरें

बाँध कर स्वयं को हम, करते हैं रुदन
       इच्छा और वासनाओं से, यात्रा का संबंध
शरीर है साधन, पर नहीं है स्वतंत्र
       मन के जाल में वह, भटकता है अनंत

ॐ❖ॐ

मंदिरों की घंटियाँ और मस्जिदों की अजान
            संकेत है भगवान को, हो जाओ सावधान
आया है तेरे सामने एक, ऐसा मेहमान
            चोरी और बेईमानी को जो, कहता है दान

फूल और फल, वस्त्र भी हैं स्वच्छ
            शब्दों से कर रहा है, तेरा गुणगान
आना न भुलावे में, चतुर है यह
            झाँक कर जरा देखो, कितना काला है इसका मन

               ॐ ❖ ॐ

वीरता और तलवार, वीरता और बंदूक
वीरता और घाव, वीरता और खून
वीरता के मापदंड, हो गये हैं भ्रष्ट
वीरता है वह जहाँ हो, वासनाओं का अंत

               ॐ ❖ ॐ

उद्देश्य यदि इस जीवन का, हर क्षण हो सुख और खुशियाँ
उद्देश्य यदि इस जीवन का, नहीं संकट का आये मौका
उद्देश्य यदि इस जीवन का, हो मान-प्रसिद्धि का मेला
नहीं समझा है तुम ने जीवन, होगी जीवन में बस ईर्ष्या

ॐ ❖ ॐ

जो कर्ता है वह कर्म नहीं
        जो देता है वह दान नहीं
जो ज्ञानी है वह ज्ञान नहीं
        जो फल माँगे वह भक्त नहीं

जो झूठा है वह झूठ नहीं
        जो सच्चा है वह सत्य नहीं
जो प्रियतम है वह प्रेम नहीं
        भ्रमण विश्व का योग नहीं

जो सुबह उठे वह समय नहीं
        जो साँझ ढले वह मौत नहीं
जो तिमिर तले अंधकार नहीं
        जो हृदय तले ब्रह्मांड वही

ॐ ❖ ॐ

मुरली माधव की है कहती
　　　　नहीं यहाँ कोई तेरा साथी
राहगीर कुछ क्षण के हैं सब
　　　　राह अलग पर सब की अपनी

कोई मंजिल पर्वत पर है
　　　　और किसी की सागर तट पर
कोई तीर्थाटन को जावे
　　　　और किसी की घर के भीतर

प्रभु की भक्ति के मार्गों में
　　　　नहीं कोई है ऊपर-नीचे
अहंकार पर जब तक ऊँचा
　　　　मार्ग रहेंगे सभी अधूरे

౭❖౬

यमुना तट पर रास करो या सरयू के तट पर सब त्याग
गंगा में स्नान करो या घुटनों के बल चलो प्रयाग
राम, कृष्ण और शिव को पूजा, तीर्थाटन बद्री-कैलाश
जीवन का उद्देश्य परंतु, उभरे उर में शुद्ध प्रकाश

दान-दक्षिणा, ढोल-मंजीरा; मंदिर तुम बनवाओ चार
शास्त्रों की व्याख्या हो उत्तम, योग-ज्ञान में भी हो प्रवीण
साधु-संतों की सेवा का, अवसर भी आये हरदम
लाभ नहीं इनसे पर होगा, लोभ और लालच यदि प्रमुख
ॐ ❖ ॐ

ब्रह्मा, विष्णु और महेश
                    क्या इनसे ही चलता विश्व
भूमि, वायु, जल और अग्नि
                    क्या इनसे ही कायम धरती
कर्म, ज्ञान और पूजा-भक्ति
                    क्या इनसे ही होती पूर्ति
प्रभु की इस अद्भुत लीला में
                    बिन मानव क्या होगी मुक्ति
ॐ ❖ ॐ

बिन रावण क्या राम ही आते
            बिना कंस क्या कृष्ण
शिवजी तो कैलाश में रमते
            अपनी धुन में मस्त

यदि चाहते हो तुम कोई
            हो प्रस्तुत सम्मुख
रावण-कंस बनो तुम या फिर
            शबरी-सुदामा समकक्ष
                ७❖८०

प्रभु के नाम पर, जो देते हैं दान
क्या प्रभु को नहीं मानते, वे अपना गुलाम

मंदिर है बनवाया, पूजा भी करवाई
पंडितों के हाथों से, पाया आशीर्वाद और बधाई
समाज में शोभा, मानपत्र भी पाया
कैसे फिर कह सकते हैं प्रभु, है तू अभी अधूरा

दान या कर्ज, है इनमें बड़ा अंतर
जहाँ ऊँचा हो मस्तक, नहीं प्रभु की वहाँ इज्जत
                ७❖८०

प्रभु की कृपा या प्रभु का प्रकोप
इंसान देता है, प्रभु को दोष
मुस्कुराकर कहते हैं प्रभु, हे इंसान
कर्म करे तू और मैं हूँ बदनाम

लालच और धोखा, झूठ और बेईमानी
नहीं कभी इनसे, पाओगे शांति
मानता है परंतु तू, अपने को ज्ञानी
खोटे सिक्कों के माध्यम से, नहीं होता कोई दानी

सरलता का अभाव, सत्य का दुश्मन
मानता है तू स्वयं को, सबसे उच्च
जब मंदिर में आकर भी, सिर है तेरा ऊँचा
कैसे फिर कर्म, न लें तुझसे बदला

ಌ ❖ ಃ

प्रभु का प्रसाद, कभी-कभी
होती है उसमें भी कुछ कड़वाहट
क्या प्रभु हैं अप्रसन्न
या है वह दवाई का एक घूँट

लोभ, लालच, ईर्ष्या, स्वार्थ
हैं ये तो शुरुआत मात्र
रोगों से हैं हम कई ग्रसित
कैसे फिर दवा हो, हरदम स्वादिष्ट

ॐ ❖ ॐ

हवा, पानी और भोजन
जीवन की आवश्यकताओं में
है इनका स्थान ऊपर

कपड़े, मकान और पारिवारिक संबंध
इन्हीं के माध्यम से
हम कहलाते हैं इंसान

ज्ञान, विचार और सहयोग
ये ही हैं इंसान की
प्रगति और उन्नति के चिन्ह

इंसान परंतु होगा तब पूर्ण
जब सज्जनता, दया, करुणा
और प्रेम होंगे आधार स्तम्भ

ॐ❖☙

मंदिरों की घंटियाँ, मस्जिदों की अजान
गिरजाघरों के गुंबजों में, गूँजती आवाज
क्या समझते हैं भगवान इसे, भक्तों का आह्वान
या भेड़ियों का झुंड, खोजता शिकार

झुकता है सिर पर ऊँचा है अहंकार
प्रार्थना में मिला है, क्रूरता का स्वर
दान भी उनका, है एक व्यापार
हर कार्य में उनके, छिपा है स्वार्थ

ॐ ❖ ॐ

आज सुबह एक दीप जलाओ
            करो उजाला, तिमिर भगाओ
चढ़ते सूरज की छाया में
            अंधकार से मुक्ति पाओ

ढले सूर्य तब प्रभु गुण गाओ
            अपने उर में ढोल बजाओ
यदि ध्वनि नहीं उभरे भीतर
            नई सुबह फिर से दोहराओ

ॐ ❖ ॐ

घुटन आज छाई सड़कों पर
सिसक रहा है घर भी भीतर
लाशों की लम्बी कटार से
घायल है शमशान निरंतर

लकड़ी, अग्नि, राख यहाँ पर
मृत शरीर को करते पावन
पंचभूत की इस काया का
पंचभूत ही करता भक्षण

൙❖൞

हर रात दायरा है सीमित
सूर्य उसे कर देता है विसर्जित
अंधकार पर नहीं होता पराजित
छुप जाता है वह, हृदय के भीतर

है ब्रह्मांड अनंत, अंधकार पर हृदय में
पाता है स्वयं को सुरक्षित
कैसे होगा पराजित, जब सेनापति हों
लोभ, लालच और स्वार्थ

൙❖൞

आदान-प्रदान की दुनिया में
चोरी और धोखाधड़ी है एक सौदा
कैसे होगी जीवन में सुख और शांति
जब भगवान स्वयं बन गये हैं, एक खिलौना

ॐ ❖ ॐ

इंसान की दुनिया में, भगवान हैं कैद
मंदिर हैं भव्य, ताले पर मजबूत
सुबह-शाम पूजा, भोग और हवन
इजाजत नहीं पर, छोड़ने की प्रांगण

आता है इंसान, लेकर बड़ा थाल
फूल, फल, अक्षत; एक मोटा दान
कहता है भगवान से, रख आँखें बंद
आय फिर तेरी, नहीं होगी कभी कम

ॐ ❖ ॐ

यदि पुकारोगे तुम प्रभु को
        कैसे आयेंगे वे तुम तक
भेजेंगे कोई दूत वे अपना
        या आयेंगे खुद रथ चढ़कर

वीर यदि तुम कोई योद्धा
        शायद पाओ दूत-संदेशा
यदि तुम कोई ज्ञानी-योगी
        रथ चढ़कर खुद आयें प्रभु ही

ना रथ ना कोई दूत ही भेजा
        चलकर आये शबरी-कुटिया
नंगे पाँव स्वयं ही दौड़े
        सुनते ही वे नाम सुदामा

ೞ❖ೞ

यदि देह में हो कोई खामी
        हाथ, पाँव या आँख हो कानी
कर सकते हो उसकी पूर्ति
        हो चाहे थोड़ी कठिनाई

नहीं सरल पर काम यह कोई
        यदि मन में ही हो कमजोरी
स्वार्थ, लोभ, लालच के कारण
        गिरता मानव जन्म-जन्म ही

ॐ ❖ ॐ

जन्म हुआ महल में लेकिन
वर्षों वन में वास किया
राजतिलक की तैयारी पर
घर को क्षण में त्याग दिया

बड़े-बड़े योगी और ज्ञानी
कठिन तपस्या में डूबे
नहीं पर पाते उनके दर्शन
शबरी को वह सहज मिला

आया जब संकट माता पर
हनुमान ने कार्य किया
लाँघ समुंदर कुछ ही क्षण में
प्रभु भक्ति का मान रखा

घमासान जब युद्ध चला तो
साथ विभीषण सतत रहा
कुंभकर्ण और रावण मर गये
अंगद का पद नहीं हटा

लौट अयोध्या वापस आये
राज्य सिंहासन तब पाया
हनुमान की सेवा का पर
था स्थान सदा ऊँचा

ॐ ❖ ॐ

कारागृह में जन्म हुआ पर
    बंदी वे कभी नहीं रहे
राजमहल में रहकर भी
    ब्रज की रज को नहीं भूले

सुख-सुविधायें, नौकर-चाकर
    स्वादिष्ट व्यंजनों का आहार
नहीं वहाँ कोई अवसर ऐसा
    कहलाते वे माखन-चोर

नहीं वहाँ कोई गोपी ऐसी
    आये घर करने जो शिकायत
नहीं वहाँ वात्सल्य है ऐसा
    जो बाँधे ओखल के साथ

नहीं सुबह कोई आकर कहता
    हुआ समय अब वन को जाँय
नहीं अधरों पर अब मुस्काहट
    मुरली भी है वहाँ उदास
    ॐ❖ॐ

जीवन के अंतिम क्षण में
          किसको मन में याद करोगे
धन-संपत्ति, बेटा-बेटी
          या प्रभु दर्शन की आस करोगे

जीवन भर नहीं नाम प्रभु का
          मंदिर में भी माथा ऊँचा
स्वार्थ और लोभ के जाल में फंसकर
          दान-धर्म को भी ठुकराया

जीवन में जब संकट आया
          दिया वचन प्रभु को कुछ ऐसा
नहीं ईर्ष्या, नहीं द्वेष करूँगा
          भूल गये जब हुआ उजाला

जीवन के अंतिम क्षण में फिर
          कैसे प्रभु की याद रहेगी
शांत समय जब नहीं पुकारा
          क्या कोलाहल में आवाज उठेगी
                    ೞ❖ೞ

पूछा प्रभु से, हे भगवान
क्यों जीवन है दुख की खान
कहते प्रभु, हे सुन मानव
है तुझमें अभी कुछ अभिमान

मंदिर जाता, दान है करता
सुबह-शाम तू माला जपता
तीर्थाटन में भी पारंगत
नहीं परंतु अहम है घटता

शास्त्रों की तू व्याख्या करता
भाषा से तू कुश्ती लड़ता
धूमधाम से पूजा करता
सिर तेरा पर कभी न झुकता

सत्य हमेशा साधारण
　　　　भव्य झूठ का आभूषण
धोखा, चोरी, ईर्ष्या, कटुता
　　　　सजता है इनसे इसका रथ

घोड़े चंचल और गतिवान
　　　　दिशा परंतु नहीं समान
पूरब-पश्चिम, उत्तर-दक्षिण
　　　　नहीं मंजिल पर उनका ध्यान

करें भ्रमण पर नहीं उन्नत
　　　　करते हैं वन में विचरण
नहीं राह वहाँ, न प्रकाश कोई
　　　　बहते तिनके का कहाँ लक्ष्य
　　　　　　ॐ ❖ ॐ

भिखारी नहीं माँगता है भीख
                    बस अपने हिस्से का कुछ अंश
दाता नहीं देता है दान
                    बस चुका रहा है, कुछ कर्ज

जीवन चक्र में फंसे हम सब
                    पाते है स्वयं को, कभी नीचे-कभी ऊपर
हम ही हैं दाता और भिखारी भी हम
                    मुखौटे बदलने से नहीं, बदलता है सत्य
                        ७❖ॐ

जो करते हैं पूजा-पाठ

      प्रभु रखते हैं उनसे शर्त

उचित समय और सामग्री

      उचित हो उसके साथ विधि

जो चुनते हैं ज्ञान का मार्ग

      प्रभु रखते हैं उनसे शर्त

उचित शब्द का करो प्रयोग

      उचित अर्थ हो हर अवसर

जो चुनते हैं कर्म का पथ

      प्रभु रखते हैं उनसे शर्त

उचित कार्य हो उचित समय

      और उचित उसका हो निमित्त

भक्ति की जो राह चले

      शर्त प्रभु वहाँ कैसे रखें

जहाँ समर्पण पहले से

      वहाँ प्रभु स्वयं बंध जाते हैं

      ೞ❖ಐ

मैं भोगी और मैं ही भक्त
            बदल रहा मेरा अस्तित्व
कभी इधर और कभी उधर
            नहीं रह पता कभी तटस्थ

देख प्रभु भी हैं हैरान
            हो कैसे इसका कल्याण
नहीं कदम इसके स्थिर
            कैसे फिर ये पहुँचे घर

आये बनकर जब वे राम
            मर्यादा थी मेरी कम
कान्हा से वे कृष्ण बने
            नहीं पर समझा, कौन हैं श्याम

रावण वध, महाभारत युद्ध
            वस्त्र-हरण लीला अद्भुत
रास रचाया यमुना तट
            मेरी पर रही बुद्धि भ्रष्ट
                ৩❖৪

मर्यादा पुरुषोत्तम राम
लीला में पारंगत श्याम
रहते अपने में ही मग्न
शिव शंभू श्री भोलेनाथ

यदि पाना है इनका साथ
छोड़ो सबसे पहले स्वार्थ
लालच-लोभ-मोह को त्यागो
पाओ तब एक आशीर्वाद

कटें बंधन तब जन्म-मृत्यु के
मुक्ति होवे दुख और सुख से
पाप-पुण्य के झंझट छूटें
डूबो तब विशुद्ध आनंद में

अचेतन से चेतन में, यदि कान ही अंतर
क्यों हैं दुनिया में, इतने बधिर

अचेतन से चेतन में, यदि चक्षु ही अंतर
अंधे क्यों इतने, बैठे हैं पदों पर

अचेतन से चेतन में, यदि नाक ही अंतर
खुशबू के मध्य क्यों, बदबू का साम्राज्य

अचेतन से चेतन में, यदि साँस ही अंतर
हृदय क्यों यहाँ, बन गये हैं पत्थर

 ॐ ❖ ॐ

यदि प्रभु ही कर दें भूल
        कह दें, मानव तू नहीं शुद्ध
कैसे मानव हो पायेगा
        अपने कर्मों से फिर मुक्त

इसीलिये प्रभु लेते जन्म
        देने मानव को संदेश
उठ मानव, कुछ कर तू प्रयत्न
        पावनता नहीं एक शिखर
           तेरी क्षमता के ऊपर

बुद्धि पर करती विद्रोह
        लाभ-हानि की तोड़-मरोड़
फल माँगे वह उस ही क्षण
        शुरू नहीं पर अभी प्रयत्न

ॐ ❖ ॐ

क्या खोज कोई जब खोया नहीं

क्या पाओगे जब पास है सब

क्या जानोगे जब ज्ञान वही

जो अंतर में समाया है

करने को तो काम कई

जपने को हैं नाम कई

प्रभु को यदि पर पाना है

पहले मन का बलिदान करो

फिर कार्य सभी होंगे उत्तम

तब ज्ञान नहीं होगा दूषित

तब भक्ति में नहीं भय होगा

चरणों में प्रभु के, सदा शरण

७ ❖ ८

प्रभु की माया, शीतल छाया

यदि याद रहे, यह खेल नया

यदि उलझ गए, यदि भूल गए

होगा जन्म-जन्म फिर पछतावा

जब उभरे मन में कोई लालच

लाभ-हानि उठते ऊपर

जब स्वार्थ पकड़ता है कसकर

क्या याद रहेगा, यह खेल एक

ठोकर भी कभी तुम खाओगे

खुशियाँ कभी मनाओगे

मान, प्रतिष्ठा, दौलत भी

कितनी ही बार तुम पाओगे

दुख-सुख के दौर भी आयेंगे

चिंतायें कभी सतायेंगी

चढ़ते सूरज में भटकोगे

क्या याद ये तुम रख पाओगे

यह खेल नया, यह खेल नया

प्रभु की माया, शीतल छाया

৩❖৯

कभी धूप यहाँ, कभी छाँव यहाँ
सुख और दुख का भी साथ यहाँ
आँधी-तूफान या मंद हवा
हर अनुभव है प्रभु की माया

हर शिखर यहाँ पर है घाटी
हर गहराई है ऊँचाई
हर ग्रीष्म यहाँ पर है शीतल
हर ठोकर है उठती सीढ़ी

धन-सम्पत्ति, सम्मान सभी
परिवार, प्रतिष्ठा, ज्ञानादि
या बिछुड़ जायें ये सारे भी
हैं अनुभव ये माया के ही

जो अजर-अमर और शाश्वत है
नहीं वहाँ कभी कोई परिवर्तन
तुम पाओगे आनंद अनंत
यदि रहें ध्यान प्रभु पर केंद्रित
७३❖४०

मोतियों की माला से यदि, सजता है गला
स्वर जो उभरता है वहाँ, क्यों है इतना कड़वा

सोने के कड़े से यदि, सजता है हाथ
कार्य जो होते हैं उससे, क्यों हैं इतने अनर्थ

मख़मली कपड़ों से यदि, सजता है शरीर
हरकतें शरीर की हैं, क्यों इतनी अपवित्र

सजावट सतही, है सदा खोटी
यदि सजना ही चाहते हो, तो संवरो बुद्धि

ॐ❖ॐ

मेरी भूख और मेरी प्यास
                है अब मुझ से ही नाराज
है उनकी बस एक ही आस
                बन जाऊँ मैं उनका दास

धन की भूख करती यह माँग
                घर तेरा हो आलीशान
प्यास मान की बोले फिर
                शिला तेरी हो मंदिर पर

शक्ति-सत्ता इनकी भूख
                खा जाती मानवता भी
प्यास वासना की ऐसी
                भस्म जहाँ होती बुद्धि

भोजन-पानी की आवश्यकता
                है ये साधारण सी चिंता
माया-मोह और लोभ की प्यास
                इनसे ही हम होते आहत

ॐ ❖ ॐ

प्रेम भाव से कहते शिवजी
माया है मेरी अर्धांगिनी
ना तुम इनसे द्वेष ही करना
पर विरक्त तुम इनसे रहना

मानव-दानव-देव भी सारे
हैं इनकी सत्ता के पहिये
इनकी ही महिमा से होती
मेरे मन की सब लीलायें

सत्य-झूठ या त्याग और लालच
ये हैं जननी, जग की नायक
मान-प्रतिष्ठा या अपमान
इनकी ही इच्छा के कारण

है इनका कर्तव्य लुभाना
भ्रम ही में दुनिया को रखना
जो कोई मेरी ओर है बढ़ता
लेना उसकी कठिन परीक्षा

౭❖౬

ब्रह्मा, विष्णु और महेश, कौन है इनमें सबसे श्रेष्ठ
प्रश्न यदि यह उठता मन में, हो तुम नादान, हो तुम भ्रष्ट

साँस जो भीतर आती है, ब्रह्मा वह कहलाती है
विष्णु उसको कहते हैं, लौट जो वापस जाती है

और मध्य का वह विश्राम, रहता है जहाँ मन भी शांत
कहलाता है वही महेश, मुक्ति का वह मार्ग अनंत

बिना साँस है मानव मृत, साँस मध्य ही है अमृत
ब्रह्मा, विष्णु और महेश, साथ है इनका आवश्यक

ॐ ❖ ॐ

जहाँ सीता का मान नहीं, नहीं वहाँ हैं राम कभी
जहाँ सती का हो अपमान, कैसे शिव हो वहाँ प्रसन्न

यदि कृष्ण को पाना है, बरसाना बन जाओ तुम
हृदय बसे यदि राधारानी, मुरली का रस पाओ तुम

राम, कृष्ण और शिव शंकर, दर्शन इनके हैं दुष्कर
सीता, राधा और सती, राह दिखाती ये सुन्दर

शक्ति-भक्ति दोनों एक, इनसे ही संभव मुक्ति
बिन इनके नहीं होती है, भवसागर से कभी विरक्ति

ॐ✣ॐ

खोकर जिसको खो न सके
      पाकर भी वह पा न सके
भूल गए हम तो उनको पर
      वे हमको भूला न सके

आते हैं वे बार-बार
      लेते हैं वे रूप अनेक
भ्रमित परंतु आँख-कान
      कैसे फिर पहचान करें

जन्म-जन्म, सदियों से यह
      चक्र निरंतर चलता है
प्रभु द्वार हमारे आते हैं
      हम निंद्रा में पर रहें डूबे

৩❖৪০

सत्य है झूठा, झूठ है सच्चा
                    खेल ये दुनिया, माया का
इनके वाद-विवादों ने
                    मोड़ दी जीवन की धारा

कहता सत्य, मैं सबसे ऊँचा
                    बिन मेरे, नहीं कोई मंजिल पहुंचा
झूठ परन्तु साधन करता
                    जिसपर चढ़कर, सत्य है बढ़ता

कहता झूठ, हूँ मैं ही दाता
                    बिना मेरे नहीं विश्व ही चलता
पीछे रहकर सत्य परन्तु
                    रोक रहा पापों का हमला

जब तक है माया का पर्दा
                    झूठ-सत्य में होगा सौदा
यदि इनके झंझट से बचना
                    जानो खुद को, बस वही रास्ता
                    ೫❖೮

जो खोने से ही डरता है
नहीं प्राप्त कभी कुछ करता है
जो देने से घबराता है
वहाँ बस घाटा-ही-घाटा है

जहाँ लाभ-हानि ही हैं मापक
नहीं वहाँ कभी शांति है
जहाँ राग-द्वेष से है सौदा
उद्विग्न वहाँ मन हरदम है

जहाँ मान-प्रतिष्ठा ही ऊँचे
होती है धन से ही पूजा
जहाँ नहीं सहजता का पहरा
कैसे जीवन उज्ज्वल होगा

൚✣ൠ

शिव का राग और शिव का द्वेष
         हैं दोनों भ्रम के कारण
जो हरदम रहते निर्लिप्त
         कैसे वे जानें क्या बंधन

यदि क्रोध शिव को आये
         छिपा वहाँ भी कोई उद्देश्य
यदि प्रेम वे बरसायें
         है उसमें भी सबका हित

देव और दानव या फिर मानव
         हैं वे सबके ही आराध्य
यदि जानना उनकी महिमा
         त्यागो मोह-माया का साथ
            ॐ❖ॐ

प्रभु भक्ति में यदि तुम लीन
दुख और सुख के नहीं आधीन
धूप-छाँव आते हर क्षण
नहीं लक्ष्य पर ये जीवन

प्रभु ध्यान में यदि तल्लीन
पाओगे हर घड़ी आनंद
राजभोग या रोटी सूखी
रस दोनों में एक समान

राजभवन सा हो आराम
या हो कुटिया साधारण
नहीं उठता पर मन में द्वंद
बसता जहाँ बस प्रभु का नाम

महादेव की कृपा यदि तो
क्यों ना होगा बेड़ा पार
क्रुद्ध यदि हैं महादेव तो
हो जायेगा बंठाढाल
यदि करोगे पूजा उनकी
होंगे सारे कार्य सफल
दूषित यदि हैं भाव तुम्हारा
सजा मिलेगी बहुत कठोर

महादेव और माँ जगदम्बा
वास सदा इनका कैलाश
मुक्ति यदि उद्देश्य तुम्हारा
पावन हृदय, करो चिंतन

ॐ ❖ ॐ

पकवानों की थाल हो सम्मुख
                        भूख नहीं होती पर शांत
एक अन्न के कण मात्र से
                        हो जाता है उसका अंत

अंतर कटुता और करुणा में
                        है एक तिनके से भी कम
कार्य वही, परिणाम भिन्न हैं
                        भाव मात्र इसका कारण

नीच प्रवृत्ति दुर्योधन की
                        दुर्वासा को किया भ्रमित
हो जिनके श्रीकृष्ण सहायक
                        हों कैसे पर वे दूषित

तप की मर्यादा को लाँघे
                        नहीं होती उनकी गति शुद्ध
अहंकार से नष्ट हो गए
                        भस्मासुर और ताड़कासुर
                        ୰❖୫

ब्रह्मज्ञान क्या पाना संभव, यदि नहीं मन में कोई प्रीति
कैसे बीज अंकुरित होगा, यदि रहे मिट्टी ही सूखी

यदि कर्म को ही तुम मानो, बस पत्थर से महल बनाओ
यदि उठे धरती में हलचल, क्या परिणाम बताओ पाओ

यदि ज्ञान को ही तुम मानो, बादल जैसे धवल हों सारे
आभा उनकी बड़ी निराली, क्या वे लेकिन प्यास बुझाते

यदि योग को ही तुम मानो, जैसे चावल का एक कण हो
भूख यदि है तुम्हें मिटाना, पहले तब तुम उसे पकाओ

ब्रह्मज्ञान क्या पाना संभव, यदि नहीं मन में कोई प्रीति
कैसे बीज अंकुरित होगा, यदि रहे मिट्टी ही सूखी

ଓ❖ଓ

मैं सत्य नहीं, मैं झूठ नहीं
मैं सरयू का सिंदूर नहीं
मैं पाप नहीं, मैं पुण्य नहीं
मैं गोकुल की भी धूल नहीं

मैं कृपा नहीं, मैं क्रूर नहीं
गंगा की पावन धार नहीं
मैं राग नहीं, और द्वेष नहीं
कैलाश का मैं संदेश नहीं

ना जल, ना वायु, ना ही भू
ना मैं फूलों की हूँ खुशबू
मेरे ही भीतर वह शक्ति
उपजी है जिससे यह सृष्टि

౭❖౨

यदि दान करने की इच्छा
                 उभरे मन में स्वतः कभी
यदि दान करने का अवसर
                 आ जाए अनजाने ही
यदि दान का पात्र कोई
                 मिल जाये चलते-चलते
किया दान ऐसे मौके पर
                 बस कहलाए वही सही

तनिक यदि उभरे पर मन में
                 आकांक्षा कोई ऐसी
किया दान है मैंने अब तो
                 पुण्यलाभ की हो प्राप्ति
उसी समय हो जाएगा
                 साथ कर्म का एक बंधन
पाना उससे छुटकारा फिर
                 पुनर्जन्म का वह कारण

                 ೞ❖ೞ

नहीं दान जीवन का लक्ष्य

     करो दान पर तुम जी भर

नहीं कर्म जीवन का लक्ष्य

     रहो सदा पर तुम उद्धत

नहीं ज्ञान जीवन का लक्ष्य

     जानो पर जो सदा उचित

नहीं भक्ति जीवन का लक्ष्य

     बनो भक्त पर तुम उन्नत

कर्म, ज्ञान, भक्ति और दान

     ये तो केवल मात्र उपाय

जीवन का तो लक्ष्य है एक

     हो प्रभु का हरदम सानिध्य

      ॐ❖ॐ

महादेव हैं लीन समाधि
 साथ हैं उनके मात पार्वती
खड़े हैं सम्मुख देव-असुर भी
 आशायें हैं अपनी-अपनी

देव कहें, प्रभु कृपा आपकी
 कहें असुर, वर हक है मेरा
महादेव पूछें माता से
 इच्छा आपकी क्या हैं देवी

हो कल्याण सभी का स्वामी
 हो जग में हरदम खुशहाली
कहें प्रभु, यह कैसे संभव
 देव-असुर हैं भाई-भाई

राग-द्वेष के ये अधिकारी
 लोभ और लालच इनके साथी
अहंकार है सिर पर बैठा
 विकृत है प्रकृति जब इनकी

नहीं इनके मन में है संयम
 नहीं इनके जीवन में नियम
इनसे तो उत्तम है मानव
 जहाँ भक्ति हो सकती पावन

৩❖৪

लहरों से यदि लगता है डर
  क्यों तुम उतरे दरिया मध्य
ऊँचाई से घबराते हो, तो
  क्यों फिर ढूंढ रहे हो शिखर
यदि नहीं है साहस मन में
  क्यों पकड़ी पगडंडी वन की
यदि पहुंचना है मंजिल तो
  ठोकर भी खानी ही होगी

यदि चाह हो धन-दौलत की
  यदि चाहते हो बस सुख
फंसे रहोगे उस चक्कर में
  अंत है जिसका दुख-ही-दुख
  ୭❖୨

जहाँ जीत वहाँ हार जरूरी
                    जहाँ पुण्य वहाँ पाप
जहाँ सत्य वहाँ झूठ जरूरी
                    जहाँ आदि वहाँ अंत

प्रकृति का यह चक्र निरंतर
                    है यह इसका धर्म
पाना है यदि मुक्ति इससे
                    उतरो अपने भीतर

राग-द्वेष से रहो दूर तुम
                    दो कटुता को त्याग
दया-दान करने से पहले
                    छोड़ो अपना स्वार्थ

ब्रह्मा, विष्णु और महेश
        हैं ये प्रकृति के आधार
नरसिंह, वामन और वराह
        इनसे प्रकृति का उद्धार

मानव बुद्धि और व्यवहार
        नहीं पर समझ सके संदेश
दिखलाने उनको आदर्श
        आए राम और आये कृष्ण

मर्यादा के वश में आकर
        बने वनवासी सीताराम
करने भक्ति का सम्मान
        माखनचोर बने मोहन

गुरु की महिमा को समझाने
        हुए राम थोड़े विक्षिप्त
दुष्टों को एक पाठ पढ़ाने
        कहा पार्थ से, करो तुम युद्ध

जीवन के हैं आश्रम चार
        ब्रह्मचर्य से जब संन्यास
सबके हैं अपने कर्तव्य
        उन्हें निभाओ, है वह धर्म
          ख❖ष

बिन राधा नहीं कृष्ण हैं मिलते
                       बिन सीता नहीं राम
बिना पार्वती शिव को पाना
                       नहीं काम आसान

प्रकृति के संचालन में
                       है शक्ति ही मुख्य
पुरुष अन्यथा नहीं जानता
                       क्या जीवन, क्या मौत

रास रचा कर राधा के संग
                       वन में जाकर सीता के संग
हैं ध्यानस्थ पर साथ पार्वती
                       करें विश्व की वे उत्पत्ति

और यदि पाना है मुक्ति
                       कृष्ण-राम-शिव पाना मुश्किल
है आसान बहुत यह लेकिन
                       करो प्रार्थना यदि शक्ति की

                ৩❖ఠ

पूर्ण सत्य की मैं, कहानी अधूरी
न आदि, न अंत, ना मध्य की मैं धूरी
हूँ एक मोड़ सीधा, उल्टा या खाली
न दीपक हूँ मैं जो, करे रोशनी

न मार्ग है सीधा, ना फूलों की बगिया
न वृक्षों से झूले, पत्तों का सेहरा
न बहती है नजदीक, कल-कल एक दरिया
न सूरज ही करता है, कोई दया

दर्पण में जैसे, प्रतिबिंब धुंधला
पानी में जैसे, थिरकता है चंदा
बादल से जैसे, सूरज है ढकता
स्वयं पर स्वयं का, मैं भी हूँ परदा

৩ ❖ ৪০

बनो तुम सहारा, न जीवन दोबारा
न साँसों से हो फिर, नया कोई सौदा

बना दो इसी को तुम, अंतिम यात्रा
मंजिल हो जिसकी, धाम तुम्हारा

न ज्ञानी, न कर्मठ, न भक्ति में सक्षम
कृपा पर तुम्हारी तो, सब कुछ है संभव

तुम ही बस हो आशा, तुम ही सहारा
तुम्हारे ही कारण, मैं हूँ जग में भटका

यदि चाहते हो तुम, करना परीक्षा
भागी भी होगे यदि, परिणाम है असफलता

बनो तुम सहारा, न जीवन दोबारा
न साँसों से हो फिर, नया कोई सौदा

ೞ❖ೞ

यदि हूँ मैं दीपक तो, कम है कुछ तेल
यदि हूँ मैं दरिया तो, बाधाएँ अनेक
सूखी है डाली, यदि हूँ मैं पेड़
सागर यदि मैं तो, उथला हृदय

पानी यदि मैं तो, शीतल नहीं
वायु यदि मैं, घुटन से भरी
अग्नि यदि मैं तो, गर्मी नहीं
धरती यदि मैं, दलदल भरी

यदि फूल मैं तो, खुशबू नहीं
फल यदि हूँ तो, कड़वा वह भी
मंदिर यदि मैं तो, मूर्ति नहीं
पूजा यदि हूँ तो, हृदय खाली

कोशिश है प्रभु की, मैं आऊँ नजदीक
भटकना पर है, आदत मेरी
मार्ग दिखलाये, मार्गदर्शक भी आए
रहती हैं बंद पर, आँखें मेरी

ও ❖ ৪৩

यदि पाप ही दुख का कारण
　　　क्यों फिर पाप सिखाया, भगवन
यदि पुण्य ही सुख का कारण
　　　क्यों फिर पुण्य के अवसर हैं कम

यदि लोभ ही दुख का कारण
　　　क्यों फिर लोभ भरा मेरे मन
यदि दान ही सुख का कारण
　　　क्यों फिर दान सदा नहीं संभव

यदि कटुता ही दुख का कारण
　　　क्यों ईर्ष्या को जन्म दिया फिर
यदि कृपा ही सुख का कारण
　　　क्यों नहीं कृपा सदा ही मुझ पर

दोष मुझे तुम देते हरदम
　　　है पर यह तेरी ही सृष्टि
नहीं कहा था मुझको आना
　　　अब लौटा दो, क्यों यह देरी

ॐ ❖ ॐ

कुछ जिज्ञासा, कुछ संकोच
आयी जब मैं घर के द्वार
देख पिया की छवि निराली
भूली मैं फिर जग-संसार

मोर-मुकुट मस्तक पर धारण
पीताम्बर-तन का आलिंगन
होंठों पर इठलाती मुरली
और साथ में मंद मुस्काहट

चहरे पर एक तेज सजा था
नयनों में ज्योति उभरी थी
चरणों को जो कण छू लेता
शीतलता उसमें चन्दा सी

वायु भी वहाँ हो गई स्थिर
और गया आकाश सिमिट
देख पिया की छवि निराली
जान गयी मैं, हूँ मैं कौन

मंदिर में यदि ईंट तुम्हारी
                        क्या तुम हो गये अधिकारी
सदा हाथ में माला रहती
                        क्या भक्ति बन जाती दासी

यदि शास्त्र की ऊँची वाणी
                        क्या तुम कहलाओगे ज्ञानी
यदि आसन पर तन कर बैठो
                        बन जाओगे तब क्या योगी

दान, ज्ञान, भक्ति और योग
                        मार्ग सभी हैं ये उत्तम
यदि हृदय भी साफ तुम्हारा
                        और नहीं छूता है अहम
                        ೞ✦ೲ

यदि रहे मन में संतोष
                        राम वहाँ रहते हरदम
यदि हृदय में है भक्ति
                        नित्य श्याम की वहाँ उपस्थिति
यदि साँस पर हरदम ध्यान
                        शिव का वह होता स्थान
मार्ग कई पाने को मुक्ति
                        आवश्यक है पर मन की शुद्धि
                        ೞ✦ೲ

हो जाये यदि अनुभूति
   हृदय में भगवान की
आवश्यकता क्या रह जायेगी
   शास्त्रों के व्याख्यान की

हो जाये यदि अनुभूति
   हृदय में भगवान की
सुबह और शाम की तब
   क्या पूजा होगी जरूरी

हो जाये यदि अनुभूति
   हृदय में भगवान की
होगी क्या ताकत तब
   राग-और-द्वेष की

हो जाये यदि अनुभूति
   हृदय में भगवान की
सहायक बन जायेंगी
   कठिनाइयाँ जीवन की

    ꙮ ❖ ꙮ

प्रभु सदा ही रहते शांत

हो आज्ञा जाओ वनवास
       या कोई सौंपे सारा राज्य
हो भोजन स्वर्गीय कहीं
       या फिर जूठे बेर सही

आये कोई हानि करने
       या चरणों की रज को छूने
आये लेकर कोई उपहार
       या चाँवल की मुट्ठी चार

चाहे बाल क्रीड़ा में लीन
       या नीति रणभूमि की
नहीं कभी मन में उठती
       राग-द्वेष की लहर कोई

प्रभु सदा ही रहते शांत

ॐ❖ॐ

यदि कृष्ण के सम्मुख आओ
                इतना मन में ध्यान रखो
सजा मिलेगी, दंड सहोगे
                यदि किया धोखा तुमने

यदि तुम्हें है इससे बचना
                करो प्रार्थना तब तुम राधा
कैसे कृष्ण भी रुष्ट रहेंगे
                यदि संरक्षण मिले वहाँ
                    ॐ✿ॐ

महाभारत क्या एक कहानी
        या वह घटना सत्य है सारी

भीष्म, द्रोण और कृपाचार्य ही
        दुर्योधन-धृतराष्ट्र और साथी
अर्जुन, भीम, युधिष्ठिर भाई
        और मधुसूदन बने सारथी

छल और कपट सब ओर प्रकट था
        अंधापन पर बड़ा प्रबल था
स्वार्थ और मोह का जाल अजूबा
        स्वयं प्रभु को मिली असफलता

बीत गई हैं सदियाँ तब से
        नहीं मानव ने की प्रगति है
झूठ आज भी पूजा जाता
        चतुराई का पद है ऊँचा

सत्य आज है और निहत्था
        नहीं युधिष्ठिर-भीष्म सरीखा
रणभूमि में नहीं साथ कोई
        ज्ञान जो समझा दे गीता का

౫ ❖ ౬

न हाथ में है भाला
   तीर या गदा
ना सामने है शत्रु
   भयानक और सधा
हारता हूँ मैं फिर भी
   क्षण-क्षण यहाँ
न ही यह महाभारत
   न हूँ मैं योद्धा

पक्ष और प्रतिपक्ष
   रणभूमि भी मैं
स्वार्थ और लालच
   हथियार हैं मेरे
उठता है यदि हृदय में
   भाव एक सुहाना
क्षण भर में टूट जाता है
   जैसे खंडहर एक पुराना

    ॐ❖ॐ

तुलना संभव कर्मठ की
                   गिनती संभव ज्ञानी की
करना मत पर ऐसी गलती
                   बात करो जब भक्ति की

भक्त वही जिसमें श्रद्धा
                   और समर्पण है पूरा
पानी चाहे मटके में
                   या हो सागर का हिस्सा

गेंदा और गुलाब नहीं
                   करते चर्चा कौन बड़ा
तलहटी और शिखर भी जाने
                   नहीं महत्व इक-दूजे बिना

तुलना में जो फंस जाये
                   नहीं वह आगे बढ़ पाये
जो भक्ति में रम जाये
                   नहीं वहाँ फिर कोई बौना

ॐ❖ॐ

राजभवन में राम थे जन्मे
                कारागृह में कृष्ण
चौदह वर्ष वनवास राम को
                कृष्ण गये पलने को ब्रज

आदर, मान, आज्ञाकारी
                कार्य राम के सदा मर्यादित
बचपन शांत, विनय की खान
                सबके प्यारे दशरथनंदन

कृष्ण आगमन, मच गई हलचल
                आई पूतना और अघासुर
आये देवी-देव अनेक
                ब्रह्मा-इंद्र हुए नतमस्तक

राम जन्म का कारण मुख्य
                हो रावण का सीधा अंत
परशुराम का मोह हो भंग
                पूरा नारद दिया वचन

कृष्ण जन्म के अंग कई
                कर्म, ज्ञान और योग सभी
और यदि है तुम में शक्ति
                इनके आगे मिलेगी भक्ति
                ॐ❖ॐ

चाहे भक्ति, चाहे ज्ञान
ये सब हैं हीरे की खान
पर तुम करते कोयला दान
क्यों तुम इतने क्रूर, भगवान

खोजूँ यदि मैं ज्ञान कही
पाता हूँ मैं पाखंडी
चाहूँ मैं यदि भक्ति कही
सम्मुख आती भीड़ बड़ी

ढोल-मंजीरा, ऊँचा स्वर
तिलक कपाल के भी ऊपर
इनके भी सिर पर चढ़कर
नाच रहा है अंधापन

मान-प्रतिष्ठा और पैसा
है इनका साम्राज्य यहाँ
कैसे हम फिर समझ पायेंगे
मूल्य ज्ञान और भक्ति का
ॐ❖ॐ

हर सत्य की एक सीमा है, आगे उसके वह फीका है
हर झूठ की भी कुछ ख्याति है, आगे उसके पर बर्बादी है
हर दया का भी एक पैमाना हैं, आगे उसके वह धोखा है
हर प्रशंसा की भी एक मर्यादा है, आगे उसके वह मात्र दिखावा है

हर कार्य का एक दायरा है, बाहर उसके वह अशिष्ट है
हर कार्य करने के पहले, इस बात का विचार आवश्यक है

ॐ❖ॐ

नरसिंह, वामन और वराह
सीमित वहाँ उद्देश्य रहा
राम जन्म में आकर प्रभु ने
मर्यादा का ध्येय धरा
पर मानव की बुद्धि में
खोट नहीं कम हो पाया
हुए अवतरित तब धरती पर
कृष्ण-रूप का ध्यान धरा

साथ थी राधा, गोप-गोपियाँ
बलदाऊ अग्रज भ्राता
साथ सखा अर्जुन भी आए
भक्त शिरोमणि सखा सुदामा

कभी कर्म की, कभी ज्ञान की
कभी योग की, की व्याख्या
ब्रज की अपनी लीलाओं से
समझाया भक्ति है क्या

भंग किया अभिमान इंद्र का
नहीं समझ पाये ब्रह्मा
रास रचे सबके संग कान्हा
समझाने आनंद है क्या

ॐ❖ॐ

भक्त यदि तुम बनना चाहो
						कई उदाहरण पाओगे
पांडव, उद्धव, भीष्म पितामह
						विदुर के गुण भी गाओगे
नहीं परंतु इनके संग भी
						प्रभु का ऐसा नाता है
एक सुदामा ही थे ऐसे
						स्वयं प्रभु ने चरण पखारे

ना राजपाट, ना धन-दौलत
						ना शास्त्रों की व्याख्या करते
हर क्षण प्रभु का वे नाम जपे
						संकट चाहे आवें कितने
है श्रद्धा प्रभु में इतनी
						नहीं कभी विश्वास डगे
ना भूख-प्यास, ना मान-अपमान
						बस सदा प्रभु का ध्यान करें
						ॐ❖ॐ

नहीं आसान समझना ज्ञान, सीमित है बुद्धि का विस्तार
नहीं आसान है करना कार्य, दक्ष नहीं हैं हाथ सामान
नहीं योग हरदम संभव, मन तो है हरदम चंचल
भक्ति पर देती एक आस, नाम प्रभु का कर तू जाप

ना कोई बंधन, ना कोई रीत, बस हो उर में थोड़ी प्रीत
आ जाये उसमें यदि रोक, नहीं कोई पर उठती खोट
चाहे घर में, या हो बाहर, बैठा हो या करे व्यापार
बड़ी भीड़ या हो एकांत, नहीं कहीं पर कोई अड़चन

भक्ति ही एक साधन ऐसा, बाह्य वस्तु की नहीं आवश्यकता
संभव है इसको अपनाना, जैसे स्वाँस का आना-जाना

ॐ ❖ ॐ

पहले राधा फिर हैं श्याम
पहले सीता फिर हैं राम
पहले शक्ति फिर सिद्धांत
इससे ही चलता ब्रह्मांड

यदि हो इसमें कोई फेर
हो जाएगा विश्व प्रलय
बिना धरा के क्या संभव है
धारण करना कोई शरीर

ॐ ❖ ॐ

छोड़ गए जब राम अयोध्या
            खुशियों ने भी लिया विराम
सुख और शांति, बिना राम के
            कैसे यह होता संभव

भरत-शत्रुघ्न, कैकई-कौशल्या
            कार्य एक अब करे सुमित्रा
चरणपादुका रख सिंहासन
            राम नाम का करते जाप

वहाँ राम कहते केवट से
            हमें करा दो दरिया पार
मूल्य वसूल किया केवट ने
            प्रभु, हमें भी तुम दो तार

पंचवटी की पावन भूमि
            पर प्रभु ने जब कदम धरा
उनके जीवन के उद्देश्य का
            उचित वहाँ संयोग बना

हुआ हरण वहाँ सीता का
            फिर से प्रभु का भ्रमण चला
आए प्रभु शबरी के द्वारे
            समझाने भक्ति है क्या

हुआ प्रभु का मिलन वहाँ फिर
            पवनपुत्र हनुमान से
भक्ति के आदर्श वे अनुपम
            राम-नाम हर स्वांस में

हनुमान ने लंका जाकर
माता को सन्देश दिया
और साथ ही लंकापति को
होनी का संकेत किया

वानर सेना पहुंची जब
सागर के तट, प्रश्न खड़ा
बिना किसी साधन के कैसे
उस तट तक पहुंचे सेना

राम नाम की महिमा का
सार समझना है मुश्किल
राम नाम जिस पर अंकित
तैर जाए तो क्या आश्चर्य

घमासान उस महायुद्ध में
राक्षस सारे गए मारे
राज्य विभीषण को सौंपा और
लौट प्रभु अयोध्या आये

लौटी खुशियाँ, लौटा सुख
शांति का साम्राज्य बढ़ा
भक्ति का आवास वहीं पर
जहाँ राम के चरण पड़े

৩❖৪

भाव, भक्ति और भगवान
 है इनका संबंध अटूट
बिना भाव के भक्ति कैसी
 बिन भक्ति क्या हैं भगवान

उठे भाव उर में भक्ति का
 नहीं जहाँ है स्वार्थ और लालच
क्या भगवान कभी कर सकते
 ऐसी भक्ति का तिरस्कार

ॐ❖ॐ

यदि दान तुम करते धन का
                कदम है यह पहली सीढ़ी पर
यदि दान है किया कर्म का
                कदम बढ़े हैं कुछ आगे तब
यदि ज्ञान का दान हो करते
                महिमा हैं उसकी कुछ बढ़कर
दान धर्म का उससे ऊपर
                शुरूआत अब सही राह पर

यदि कर सको दान भक्ति का
                प्रभु भी आयेंगे तब मिलने
प्रभु दर्शन की यदि अभिलाषा
                जपो नाम तुम राधे-राधे
                   ൭❖൭

कथा सुनाते शिव शंभू
                    मात पार्वती कहे हूँ-हूँ-हूँ
ध्यान मग्न हो गए शंकर
                    निद्रा का घेरा उस ओर

वहाँ बैठा था एक कपोत
                    भरने लगा वह भी हूँकार
समझे भोलेनाथ उधर
                    माता की है यह आवाज

कथा पूर्ण कर खोली आँखें
                    हुई तृप्ति, पूछे माता से
कहती माता, क्षमा हो स्वामी
                    हो गयी है मुझसे एक गलती

तब आश्चर्य हुआ भगवन को
                    कौन कर रहा था आवाज
नजर पड़ी जब शुक पुत्र पर
                    आया क्रोध बड़ा विकराल

भागे आगे शुक पुत्र और
                    पीछे-पीछे शिव शंकर
इस त्रिभुवन में किसकी हिम्मत
                    ले जो भोलेनाथ से बैर

दौड़े-दौड़े आया फिर वह
                    व्यास महर्षि के शरणागत
ओर किया उसने प्रवेश तब
                    पत्नी के मुँह से भीतर

देख प्रभु का क्रोधित रूप

     कहें महर्षि, क्या अपराध

कहा प्रभु ने, इस जीव पर

     है चोरी का मोटा पाप

प्रभु आप भी, माया के वश

     भूल गए हैं क्या परिणाम

अमर कथा सुनकर अब कैसे

     हो पायेगा इसका वध

कहा प्रभु ने, ले जाऊँ मैं

     साथ ही अपने जन्म उपरान्त

बाँध पालथी, बैठ गए प्रभु

     एक वर्ष का करने ध्यान

उधर कपोत भी, सावधान था

     उसने भी कर लिया विधान

बारह वर्ष गर्भ में बीते

     नहीं लिया पर उसने जन्म

देख कपोत की इस लीला को

     पृथ्वी भी हो गई चिंतित

करे प्रार्थना वह भी प्रभु से

     कर दो इसे माया से मुक्त

हुआ जन्म यूँ शुकदेव का

     मोह-माया से पूर्ण निर्लिप्त

और भागवत उनके मुँह से

     बहती जैसे गंगाजल

७ ❖ ४

वेदों, उपनिषदों को जान
                साथ ही गीता का सिद्धांत
सांख्य, मीमांसा, योग बखान
                नहीं खत्म होता है ज्ञान

लक्ष्य परंतु यदि प्रभु दर्शन
                कर उनके गुण का संकीर्तन
निकट प्रभु के, पर नहीं एक
                भक्ति का आश्रय है श्रेष्ठ

नहीं वहाँ उच्चारण दूषित
                नहीं कोई है समय अनुचित
हैं सारे स्थान पवित्र
                नहीं यदि मन में संदेह
                    ॐ ❖ ॐ

वेद, उपनिषद और गीता
                   उच्च स्तर का ज्ञान है इनका
साधारण प्राणी क्या जाने
                   क्या है योग, सांख्य है क्या

भाषा की है वहाँ महत्ता
                   बुद्धि का हो बाण भी तीखा
या फिर हो ऐसी शक्ति कि
                   आसन सिद्धि की होय सरलता

सुबह-शाम हो जिसको चिंता
                   भोजन की भी नहीं व्यवस्था
कहाँ समय है उस जीवन में
                   जानें गीता श्लोक क्या कहता

प्रभु की इस सुंदर सृष्टि में
                   नहीं परन्तु है कोई छूटा
ज्ञान-ध्यान की नहीं यदि क्षमता
                   श्रवण करो बस प्रभु की लीला
                   ७❖९

भगवान, न कभी मांगते हैं, न कभी देते
आदान-प्रदान की आवश्यकता, हो भगवान को कैसे
दिखाने पर इंसान को, रास्ता सही
भगवान भी बन जाते हैं कभी-कभी, स्वयं एक खिलाड़ी

करता है इंसान भगवान की, पूजा और आरती
माँगता है फिर वह, धन और ख्याति
न हो मानव निराश, कोशिश भगवान की
कर्म के आधार पर, करवाते हैं प्राप्ति परिणाम की

नहीं पर जानता इंसान, इस रहस्य को
देता है दोष या, धन्यवाद भगवान को
क्रमशः यह चक्र, हो जाता है गतिमान
भूल जाता है इंसान कि, कौन हैं भगवान

୦୫❖୬୦

कहा प्रभु ने, सुन ऐ भक्त
                भक्ति में बस एक ही शर्त
जितना भक्त हैं निर्भर मुझ पर
                उतना ही मैं उसके निकट

सुबह-शाम कोई मंदिर आता
                पूजा के दो फूल चढ़ाता
और साथ ही माँग भी धरता
                शेष समय फिर याद न करता

मेरा भी व्यवहार वहाँ पर
                उसके जैसा ही है रहता
मंदिर की सीमा के बाहर
                मैं भी बन जाता अनजाना

यदि नहीं आये कोई मंदिर
                नहीं चढ़ावे चाहे भेंट
मन में पर रहता यदि उसके
                मेरे ही स्वरूप का ध्यान

मैं भी उसके साथ सदा ही
                चाहे घर में या बाज़ार
जैसे सूर्य समा जाता है
                एक थाल में, यदि है नीर
                ७❖৪

मंदिर के भीतर जो जाकर, आता है कुछ फूल चढ़ाकर
नहीं छोड़ कर आता लालच, क्या वह कहलाता है भक्त

मूर्ति पर जो तिलक लगाकर, ग्रहण करे जो चरणामृत
नहीं छोड़ता पर वह स्वार्थ, क्या वह कहलाता है भक्त

करता है जो मंत्र उच्चारण, और साथ प्रणाम दंडवत
अहंकार पर तब भी ऊँचा, क्या वह कहलाता है भक्त

करता जो शास्त्रों की व्याख्या, कर्मकांड में भी पारंगत
नहीं पर मन में है संतोष, क्या वह कहलाता है भक्त

ॐ✦ॐ

यदि मैं दाता, कौन है दान
बिन मालिक क्या कोई नौकर

यदि मैं कर्ता, कौन है कार्य
बिना फूल क्या कोई सुगंध

यदि मैं ज्ञानी, कौन है ज्ञान
बिना बीज क्या उपजे फल

यदि मैं मानव, कौन भगवान
बिना ईंट क्या बने भवन

यदि मैं दाता, कौन है दान
बिन मालिक क्या कोई नौकर

৩❖৲

यदि द्रौपदी नहीं कहती, अंधे का बेटा अंधा
यदि युधिष्ठिर कह देते, जुआ नहीं मैं खेलूँगा
दुर्योधन यदि कह देता, पाँच गाँव मैं दे दूँगा
भीष्म यदि उठ भरी सभा में, कह देते अब बहुत हुआ
महाभारत का युद्ध क्या, सदा-सदा को टल जाता

बड़ी आग भड़काने को, है ईंधन की आवश्यकता
एक-एक सूखा पत्ता, देता उसको प्रबल बना
एक बार जब बनी सबल, नहीं रोक कोई पायेगा
और कृष्ण ने भी तो फिर, थोड़ा उसमें घी डाला
महाभारत का युद्ध क्या, सदा-सदा को टल पाता
౬❖ೠ

अवगुण से तुम बनो गुणी
                फिर गुण से निर्गुण की ओर
ठोस, तरल फिर बनकर भाप
                हो जाओ आकाश में लीन

ताप बढ़ेगा थोड़ा-थोड़ा
                और होगी थोड़ी तकलीफ
बिना अग्नि के कैसे पर
                हो पायेगा कंचन शुद्ध

यदि आग नहीं उठती भीतर
                नहीं प्रवाह यदि होता तेज
यदि लगन नहीं है जीवन में
                नहीं खत्म होगा यह चक्र
                        ॐ❖৩

भक्ति के लिए क्या अनिवार्य है
                    मंदिर या भवन
प्रभु क्या रहते हैं
                    दीवारों में बंद

भक्ति के लिए क्या आवश्यक है
                    शुद्ध उच्चारण
क्या भगवान नहीं समझते
                    भाषा अशुद्ध

भक्ति के लिए क्या आवश्यक है
                    फल और फूल
भगवान को क्या रहती है
                    सम्मान की भूख

हर शर्त हम रखते हैं
                    इतना ही समझकर
हमारी ही तरह
                    हैं भगवान भी एक सौदागर
                    ॐ❖ॐ

यदि तुम जानो कृष्ण का सार

        ब्रज फिर होगा हरदम साथ

यदि तुम जानो कौन हैं राम

        हनुमान का छोड़ो न हाथ

यदि जानते हो तुम शिव को

        कैसे छूटेगा कैलाश

बिछुड़ गए यदि इनसे तुम

        फिर माया का तगड़ा जाल

            ॐ✤ॐ

अपने ही आनंद में, जो जाते हैं डूब
बाहरी आनंद की वहाँ, क्या है जरूरत
मंदिरों की घंटियाँ, सड़कों पर ढोल
इनके माध्यम से, मिलता है आनंद क्षणिक

साँस जब तक चलती है, कभी धीमी कभी तेज
जीवन के उतार-चढ़ाव ही, बन जाते हैं लक्ष्य
कभी दौलत, कभी नाम, कभी पद का अभिमान
समय नहीं है जानने का, कहाँ है विराम

ॐ❖ॐ

इक क्षण राधा बरसाने में, अगले क्षण वह वृंदावन में
और कृष्ण भी बंधे हुए हैं, उन्हीं छोरों से हरदम जैसे
साथ-साथ हैं सदा-सदा ही, पर लगते हैं दो दुनिया में
राधे-राधे कहते-कहते, कृष्ण स्वयं बन जाते राधे

छोड़ गए जब वे फिर मथुरा, भाव नहीं थोड़ा भी बदला
पत्ता-पत्ता डाली-डाली, कृष्ण भाव से हुए आह्लादित
और मध्य में राधारानी, मानो जल में एक नाव सी
बही जा रही, उस बहाव में

৩ ❖ ৪০

कर्म, ज्ञान और योग साधना
                नहीं मार्ग हैं ये आसान

कर्म है कहता, फल मत माँग
                ज्ञान माँगता बुद्धि प्रखर
योग की माँग सदा ऊँची
                कर ले मन पर तू काबू

सरल नहीं है राह कोई
                करुणा की मूर्ति पर प्रभु
कहते हैं वे बारंबार
                कर भक्ति को तू स्वीकार

जो रम जाये भक्ति में
                नैय्या फिर कैसे डूबे
नरसी, मीरा, सूर को तारने
                किये प्रभु ने, कार्य निराले
                    ૭૪❖૪ઇ

त्रिशूल हाथ में शिव शंकर के
                गंगा उनके माथे पर
गर्दन में है एक भुजंग
                और हलाहल कंठ में धारण

सम्मुख उनके नंदीश्वर और
                साथ विराजे माता भी
देवी-देवता नतमस्तक हो
                चाहें उनकी सहमति

मानव-दानव करते ध्यान
                पाने को उनसे वरदान
दोनों के होकर के भी
                चाहें वे सबका कल्याण

भस्मासुर, रावण भी भक्त
                कठिन तपस्या पर रहे भ्रष्ट
अर्जुन को पर दिया उन्होंने
                अस्त्र कि जिससे हो सब नष्ट

कहलाते वे भोलेनाथ
                क्रोध पर उनका है घनघोर
श्राप भी दे और मुक्ति भी
                नहीं वे रखते हैं कोई बैर
                ७४❖४०

वेद, पुराण, उपनिषद अध्ययन क्या
                ये ही प्रगति के लक्षण
भाषा से भाषा का झगड़ा
                इससे क्या कभी सुलझे मसला

पूजा-पाठ तिलक हो लम्बा
                मंत्रों का उच्चारण ऊँचा
दानी भी कहलाते जग में
                बिन भक्ति पर है सब झूठा
                ॐ ❖ ॐ

मंदिर में है प्रभु की मूर्ति
                कितनी पर है उसमें शक्ति
पूजा करते, करें प्रार्थना
                कर सकती क्या इच्छा पूर्ति

यदि हृदय में प्रभु का आदर
                श्रद्धा-भक्ति सबसे ऊपर
है संतोष सदा ही मन में
                घर ही वहाँ बन जाए मंदिर
                ॐ ❖ ॐ

नहीं योग करने की क्षमता
नहीं कर्म करने की शक्ति
समझूँ ज्ञान नहीं ऐसी बुद्धि
अड़चन नहीं करने में भक्ति

राम-नाम है एक औषधि
मन के मैल की उससे शुद्धि
करो यदि प्रयास निरंतर
अंत में पाओगे तुम मुक्ति

ॐ❖ॐ

हो शब्दों में भाव सहजता
                    हो कार्यों में तन्मयता
सरल जहाँ व्यवहार हमारा
                    वहाँ प्रभु का सदा बसेरा

नहीं भाव हो ऊँच-नीच का
                    जहाँ दया का हरदम घेरा
यदि कोई आ जाये भूखा
                    बाँट के खायें रूखा-सूखा

हो शक्ति पर सदा विनम्र
                    रहे ज्ञान पर भोलापन
जितना प्रभु के हो नजदीक
                    बौना हो उतना ही अहम

ॐ ❖ ॐ

दिन है, रात है, मौत क्यों उदास है
आदमी का साथ है, आदमी का साथ है

प्रेम का अभाव है, द्वेष का बाजार है
स्वार्थ और लोभ का, सब तरफ व्यापार है
क्रूरता-कठोरता, सोच में ही खोट है
पाप और पुण्य की, परिभाषा विचित्र है
दिन है, रात है, मौत क्यों उदास है
आदमी का साथ है, आदमी का साथ है

खुलेआम मानवता, हो रही नीलम है
मंदिरों में भीड़ है पर, क्या वहाँ भगवान है
कृपा और करुणा यहाँ, हो रहे बदनाम हैं
भक्ति की लाज का, सौदा सरेआम है
दिन है, रात है, मौत क्यों उदास है
आदमी का साथ है, आदमी का साथ है

ೞ❖ೞ

आये प्रभु शबरी के द्वार
कहे माता, करो ग्रहण आहार
लाई हूँ मैं मीठे बेर
रखे संजो कर, चख-चख कर

आग्रह प्रभु ने किया स्वीकार
और कहा, भक्ति का सार
शुद्ध, सरल और पावन भाव
प्रभु स्वयं आवें तब द्वार

ॐ ❖ ॐ

मान यदि हो रखना वश में
　　　　सदा रखो राधा को मन में
नहीं कृष्ण के नाम से होगा
　　　　मान के मस्तक का ही खंडन

अर्जुन के प्रभु सखा स्वयं थे
　　　　भीम-युधिष्ठिर के हमदर्दी
नहीं पराजय मान ने मानी
　　　　गये वनवास जब हारी बाजी

सत्यभामा के प्रभु थे संगी
　　　　बिक गये पर उसके हाथों भी
एक परंतु प्रेम की पत्ती
　　　　पड़ी सारे रत्नों से भारी

लगी प्रभु को जब बीमारी
　　　　नहीं वहाँ कोई मिली औषधि
तब आये वे लेने मिट्टी
　　　　जहाँ विराजे राधारानी

ॐ❖ॐ

हैं कृष्ण ही रहस्य

और रहस्य का समाधान

बिना कृष्ण के

हैं पहेलियाँ भी वीरान

हैं कृष्ण इंसान या हैं वे भगवान

ब्रज के कन्हैया या महाभारत के मधुसूदन

या हैं वे मात्र, एक दर्शक तटस्थ

फैला रहे हैं भ्रम, करने मनोरंजन

৩❖৪০

यदि छोड़ ब्रज जाती राधा
कौन वहाँ होता रखवाला
मैय्या-बाबा, गोप-गोपियाँ
उनको धीरज कौन दिलाता

पेड़-लताऐं, पशु-पक्षी भी
इसी आस से जन्में ब्रज में
होगी पूरी अब अभिलाषा
कान्हा अब खेलेंगे हमसे

छोड़, गये कान्हा जब मथुरा
मन उनका तो था संग राधा
कैसे तब राधा कह देती
ब्रज से अब मेरा क्या नाता

౩❖ౙ

गंगा, यमुना और सरस्वती
      मिलन है इनका, वहीं त्रिवेणी
इड़ा, पिंगला और सुषुम्ना
      इनके माध्यम से ही मुक्ति

है प्रवाह में यदि वो शक्ति
      ध्वंस जो कर दे, मन की प्रवृत्ति
पहुँचोगे तब एक वह स्थिति
      जहाँ प्रभु की सदा उपस्थिति

काम, क्रोध और माया साथी
      कर दोगे तब इनकी छुट्टी
अहंकार और स्वार्थ वहाँ तब
      नहीं बन पाये कभी अतिथि

ॐ ❖ ॐ

दानव-देव तो भाई-भाई
   पर आपस में करें लड़ाई
मानव की संतान हैं ये पर
   मानवता इनको नहीं भाई

कभी पृथ्वी पर, कभी स्वर्ग में
   करते हैं ये हाथापाई
इनके झगड़ों से हैं चिंतित
   शिवशंभू और मात पार्वती

हिरण्यकश्यप, रावण, बाली
   बाणासुर और कंस महाबली
काम हैं इनके अत्याचारी
   बन गये ये प्रभु की मजबूरी

दशरथनंदन राम भी आये
   मुरलीधर केशव भी आये
नरसिंह, वामन, वराह आदि ने
   अपने-अपने कार्य दिखाये

प्रकृति की सत्ता के हिस्से
   देव और दानव हैं दो पहिये
इनके ही माध्यम से प्रभु भी
   आकर सबको मार्ग बताते

     ॐ ❖ ॐ

पूजा हर दिन, जाप हजार
सदा हाथ में, दान का पात्र
बड़ा तिलक और कपड़े श्वेत
पूछे प्रभु से, क्या है हिसाब

करता हूँ मैं इतनी सेवा
दिया दान है सबसे ज्यादा
हूँ मैं शास्त्रों का भी ज्ञाता
हक मेरा क्यों, तब है अधूरा

हर पूजा का फल मुझको दो
दान दिया दूना उसका हो
ज्ञान और भक्ति ऊँची मेरी
नहीं कहीं, पाओ मुझ सा ही

ॐ❖ॐ

अर्जुन, भीष्म, विदुर नहीं जाने
　　　ब्रज में जब श्री कृष्ण विराजे
भक्ति उनकी थी अभी कच्ची
　　　बालकृष्ण नहीं मन में छाये

गोप-गोपियों का पर उनसे
　　　दर्जा कितना ही ऊँचा है
कान्हा के संग माखन चोरी
　　　राधा के संग रास रचाये
घर-घर में जहाँ कृष्ण समाये
　　　साथ-साथ राधा को लाये
ऐसी भक्ति की छाया में
　　　वीरों की क्या ताकत आयें

　　　　　ॐ ❖ ৪০

कृष्ण हैं करुणा, कृष्ण हैं दंड
कृष्ण प्रेम की, हैं मूरत
कृष्ण ही राधा, कृष्ण ही कंस
बिना कृष्ण, नहीं कुछ संभव

कृष्ण अंश है सब में लीन
साथ ही सोचने की शक्ति
भूल जाते हैं अपना ज्ञान
जब हो जाते हम दूषित

　　　　　ॐ ❖ ৪০

111

क्या अर्जुन में इतनी शक्ति
            कर दे भीष्म को धराशाही
क्या थी भीम में इतनी ताकत
            मूर्छित कर दे द्रोण को भी
कृपाचार्य क्या नहीं प्रबल
            धर्मराज को कर दें ध्वस्त
तेज हुआ पर उनका कम
            खड़े सामने जब मधुसूदन

बने सारथी, नहीं कोई अस्त्र
            कई चुनौती, सारी व्यर्थ
भीष्म, द्रोण और कर्ण भी जाने
            अंत समय अब आया निकट

घमासान उस महायुद्ध में
            लहू बहा सब ओर अबाध्य
और उसी धरती में फूटा
            कलियुग की मुक्ति का स्त्रोत

पाना है यदि प्रभु का दर्शन
        ना जाओ तुम वृंदावन
यदि चाहते हो भक्ति
        नहीं अयोध्या में मिलती
यदि करना है प्रभु की पूजा
        क्या कैलाश ही वह भूमि
तीर्थों में यदि खोज रहे हो
        हाथ न आये वह मोती

प्रभु को पाने की कोशिश में
        भटक रहे हो अभी यदि
करो शांत तुम पहले मन को
        खोज तब होगी उलटी

ॐ❖ॐ

नहीं राम ने कहा कभी
      मुझ से बढ़ कर कोई नहीं
हुये लक्ष्मण जब घायल
      पवनपुत्र से की विनती

कहा पिता से, सुनियो तात
      आज्ञा मैं करूँ शिरोधार्य
दो भाई को अब यह राज्य
      और करूँ मैं वन में वास

बंधकर प्रकृति के नियमों में
      करने आये अपने काम
सीता हरण नहीं होता तो
      राक्षसों का क्या होता अंत

कहलाने गुरु से उपदेश
      हुये स्वयं वे खुद उद्विग्न
स्वयं गुरु भी जाने यह
      कह गये पर वे योग-वशिष्ठ

ॐ ❖ ॐ

झूठ और सत्य, इन्हीं के मध्य
                     है वह उद्देश्य
जिसकी तलाश में, कई-कई जीवन हम ने
                     गँवायें हैं व्यर्थ

होता है जब जन्म
                     रहता है ध्यान एकाग्र
उद्देश्य को पाने के लिये
                     रहता है मन व्यग्र
समय का चक्र पर
                     कर देता है भ्रमित
भटक जाते हैं राह से
                     बिछुड़ जाती है मंजिल

जब समय मृत्यु का
                     आता है नजदीक
आती है अचानक याद
                     क्यों हुआ था जन्म
न शरीर पर नियंत्रण
                     ना मस्तिष्क में शक्ति
बुझती हुई आँखों को
                     क्या सूर्य दे रोशनी
                     ७❖੪

जिस भाषा में भाव नहीं
                रहती है वह सदा अधूरी
किये कार्य पर मन कहीं ओर
                वह श्रद्धा भी है झूठी
पूजा-अर्चन-दान करे
                पर मन में अभिमान भरे
ऐसे जीवन में फिर कैसे
                प्रभु आकर के वास करें

सखा प्रभु के अंतरंग पर
                अर्जुन में है मान बहुत
बार-बार वह कसमें खाये
                हैं प्रभु भी इससे चिंतित
कुरुक्षेत्र के मध्य खड़े जब
                भूल गया अपना कर्तव्य
तब स्वीकार किया अर्जुन ने
                हे केशव, मैं शरणागत

समझाया प्रभु ने अर्जुन को
                हुये आज तुम भ्रम से युक्त
नहीं गुरु यहाँ, नहीं पितामह
                कठपुतलों का क्या है मोल

नहीं विजय की हो आकांक्षा
                नहीं पराजय का ही भय
यदि कर्तव्य निभाओ तुम तो
                पाओगे आनंद अखंड
                        ७❖૭

मंदिरों की घंटियाँ, मस्जिदों की अजान
गिरजा में हो रहा, प्रभु के नाम का गान
भगवान पर जानते हैं, है ये मात्र व्यापार
माँगेगा इंसान उतना ही, जितनी ऊँची आवाज

देगा यदि दान में, एक भी दाना
उम्मीद है उसकी, पायेगा सौ गुना सोना
प्रभु की स्तुति में यदि, कह दे दो शब्द
चाहता है दुनिया में, हो सम्मान उसका अद्भुत

करवायेगा पूजा, बनवायेगा मंदिर
नाम हो उसका जड़ित, मूर्ति के मस्तक पर
झुकता है मंदिर में, मूर्ति के सम्मुख
उम्मीद है उसकी, प्रभु माने मेरा अहसान

करता है साष्टांग, ऊँचा पर अहंकार
कैसे तब प्रभु कहें, है मेरा यह भक्त

ॐ ❖ ॐ

कन्हैया है काला, जैसे अंतरिक्ष का उजाला
दिखाई दे रास्ता, जब हो साथ राधा
हैं कृष्ण कठोर, चाहे दुर्योधन या अर्जुन
या हो सामने, पितामह या द्रोण

कंस, जरासंघ, बाणासुर, शंघासुर
या हो चाहे वह अहंकारी इंद्र
हाथ में धनुष और साथ में सुदर्शन
प्रेम और क्षमा का, नहीं वहाँ स्थान

छोड़ गये ब्रज, गोकुल और वृंदावन
जानते थे वे, आगे नृत्य है भीषण
करनी थी उन्हें पर, एक इच्छा पूर्ण
जमुना के तट पर, मची तब धूम

कर रही थी पुकार, मुरली की धुन
यदि कानों में पड़ी है, तो हुई तपस्या पूर्ण
गोपियों के वेश में, ऋषि-मुनियों का झुंड
और मध्य में उनके, राधा संग कृष्ण

৩✣৪০

ताल-तलैया, दरिया, झरना
पेड़ के ऊपर, बैठी मैना
गीत खुशी का, हरदम झरता
चाहे बारिश, चाहे सूखा

नहीं स्वार्थ की अग्नि भीतर
नहीं वहाँ है लालच उठता
धोखा, चोरी और झूठ का
नहीं वहाँ एक कण भी फलता

है प्रकृति की अद्भुत माया
जितना खोया, उतना पाया
यदि रखा हिसाब किसी का
बन जायेगी वह एक सीमा

☙ ❖ ❧

भगवान के नाम पर, तैयार हैं देने को जान
मानते नहीं पर भगवान की, एक भी बात
कहा है भगवान ने, हैं सब इंसान समान
दीवारें खड़ी करने में पर, हैं हम पारंगत

कहते हैं भगवान, है प्रेम एक फूल
खुशबू से भरा, आनंद का स्रोत
समझ नहीं हम पाये, प्रेम का सही अर्थ
जोड़ दिया हमने उसे, शारीरिक सुखों के संग

कहते हैं भगवान, है भक्ति उत्तम
समर्पण के सहारे, पहुँचोगे धाम
मुँह से हम जपते हैं, प्रभु का नाम
मन में पर छिपे हैं, कपट और काम

भगवान के नाम पर, तैयार हैं देने को जान
मानते नहीं पर भगवान की, एक भी बात

൰ ❖ ൱

कौन है अर्जुन, कौन है कंस
                नहीं इनमें क्या बसे हैं कृष्ण
है कण-कण में जिनका वास
                वहाँ धर्म क्या होता परास्त

पर मानव की मति है भ्रांत
                लोभ -लालच का माया जाल
भीष्म-द्रोण भी खाते मात
                फिर धृतराष्ट्र की क्या औकात

अंधा तन से, अंधा मन से
                भय और शंका का भूचाल
गांधारी भी अंधी बनकर
                भड़काती है और वह आग

शकुनि-कर्ण स्वार्थ-कपट हैं
                दुस्सासन है दुस्साहस
इन सबके है मध्य लालसा
                नाम है जिसका, दुर्योधन

महाभारत के महायज्ञ में
                पड़ी आहुति इन सब की
एक वार में हुये ध्वस्त सब
                हुआ धर्म फिर से जीवित
                    ೞ ❖ ೲ

दिया सुदामा को जो मान
                आया जब वह प्रभु के द्वार
अर्जुन, भीम, युधिष्ठिर भी क्या
                पा सकते ऐसा आदर

अश्रुनीर से धोये पाँव
                बैठाया फिर निज आसन
कर कच्चे तंदुल आहार
                बन गये प्रभु खुद, कर्जदार
                        ७३✤१०

रुक्मणी के साथ, किया द्वारिका में शासन
मंदिरों में परंतु, है राधा का स्थान

चाहिये यदि धन, चाहिये यदि मान
चाहिये यदि दुनिया में, प्रतिष्ठा और सम्मान
करो तुम जाकर, राजा से याचना
शायद लक्ष्मी को, आ जाये थोड़ी दया

मंदिर में परंतु, है भक्ति प्रमुख
वहाँ तो हाथ जोड़कर, बस हो जाओ समर्पित
मिल जायेगा स्थान, हो जायेगा उद्धार
धन और सम्मान की तब, क्यों होगी जरूरत

৩ ❖ ৪

छोड़ दिया घर मीरा ने
      प्रभु पाने के लालच में
भटक-भटक कर सूर भी आये
      प्रभु के सुंदर आँगन में
वल्लभ आये, साथ में लाये
      और न जाने कितनों को
धुल गये सारे पाप सभी के
      यमुना की कुछ बूँदों से

है ब्रज आज भी उतना पावन
      खेल रहे यमुना में कृष्ण
मुरली की धुन गूँज रही पर
      क्या है मन मेरा दर्पण

ॐ ❖ ॐ

भय मृत्यु का युद्धक्षेत्र में
                 क्या वह योद्धा कहलाये
और यदि नहीं साथ हो केशव
                 क्या परिणाम समझ पाये

यदि मानते हो महाभारत
                 लड़ा गया था सदियों पूर्व
नहीं समझा है तुमने जीवन
                 नहीं समझ पाये क्या लक्ष्य

मृत्युलोक ही महाभारत है
                 युद्ध यहाँ क्षण-क्षण होता
केशव भी यहाँ सदा उपस्थित
                 अहंकार यदि है बौना

हो जीवन में एक सरलता
                 रहे सहज हरदम व्यवहार
स्वार्थ और लालच रहें दूर यदि
                 केशव का तब हरदम साथ

ও❖৪০

यह कैसी है प्रभु की माया
छोड़ गये प्रभु ब्रज और राधा
बिन जिनके संदेश अधूरा
बिछुड़ गया उनसे ही नाता

संग उद्धव भेजा संदेसा
कुशल-क्षेम भी सबका पूछा
पर नजरों से रह कर ओझल
किया नहीं क्या और भी धोखा

कुब्जा का संदेश अनोखा
अरी गोपियों, कृष्ण हमारा
है वह महलों का अधिकारी
तुम हो उनको नाच नचाती

निकले हो तुम बड़े पाखंडी
शुद्ध प्रेम की, की है हानि
कैसे प्रेम रह पता उज्ज्वल
नहीं यदि होती राधारानी

राम जन्म में मिला वनवास
कारागृह में कृष्ण जन्म
नरसिंह, वामन और वराह
था इनका उद्देश्य सीमित

यदि तुम्हें है कोई शिकायत
नहीं है सुख और बिगड़ी हालत
कर लो थोड़ा प्रभु का ध्यान
उनके भी जीवन में कष्ट

आखिर हम तो हैं इंसान
सिर पर है कर्मों का बोझ
और हमारे सिर पर नाचे
अहंकार, लोभ और लालच

ॐ❖ॐ

भगवान की माया में, है स्थान सबका
बन सकते हो कंस यदि, न बन सको सुदामा

धृतराष्ट्र और भीष्म, युधिष्ठिर और दुर्योधन
खड़े हैं तानकर बाण, द्रोण और अर्जुन

गुरु और शिष्य, पितामह और पौत्र
द्वन्द रहेगा जारी, है जब तब मन में भ्रम

कर्तव्य है महत्वपूर्ण, पर न हो धर्म विरुद्ध
अन्न के लिये, न बन जाओ दास

विध्वंस भी कभी-कभी, है अति आवश्यक
मुक्ति का ज्ञान भी, है तभी संभव

৩❖৪০

About Author

© Mukesh Chhajer

Mukesh Chhajer teaches mathematics and physics in Danville VA. He holds a bachelor's and a master's degree in chemical engineering and a Ph.D. in polymer physics. He has previously published twenty books: Thirteen collections of poetry in English, Five collections of poems in Hindi, a biography of Mahavir Swami in verse and one book of essays on Jainism.

www.ingramcontent.com/pod-product-compliance
Lightning Source LLC
Chambersburg PA
CBHW071008120626

46546CB00003B/986